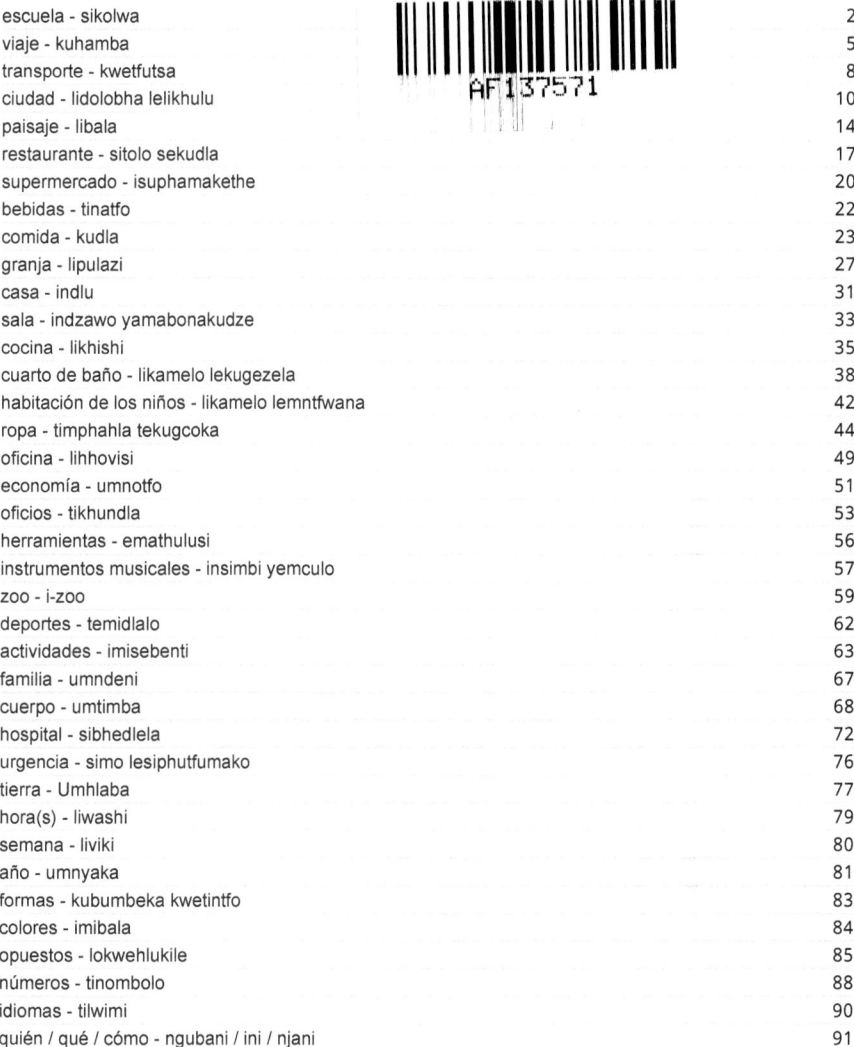

Impressum
Verlag: BABADADA GmbH, Nedderfeld 112 , 22529 Hamburg
Geschäftsführer / Verlagsleitung: Harald Hof
Druck: Books on Demand GmbH, In de Tarpen 42, 22848 Norderstedt

Imprint
Publisher: BABADADA GmbH, Nedderfeld 112 , 22529 Hamburg, Germany
Managing Director / Publishing direction: Harald Hof
Print: Books on Demand GmbH, In de Tarpen 42, 22848 Norderstedt

escuela

sikolwa

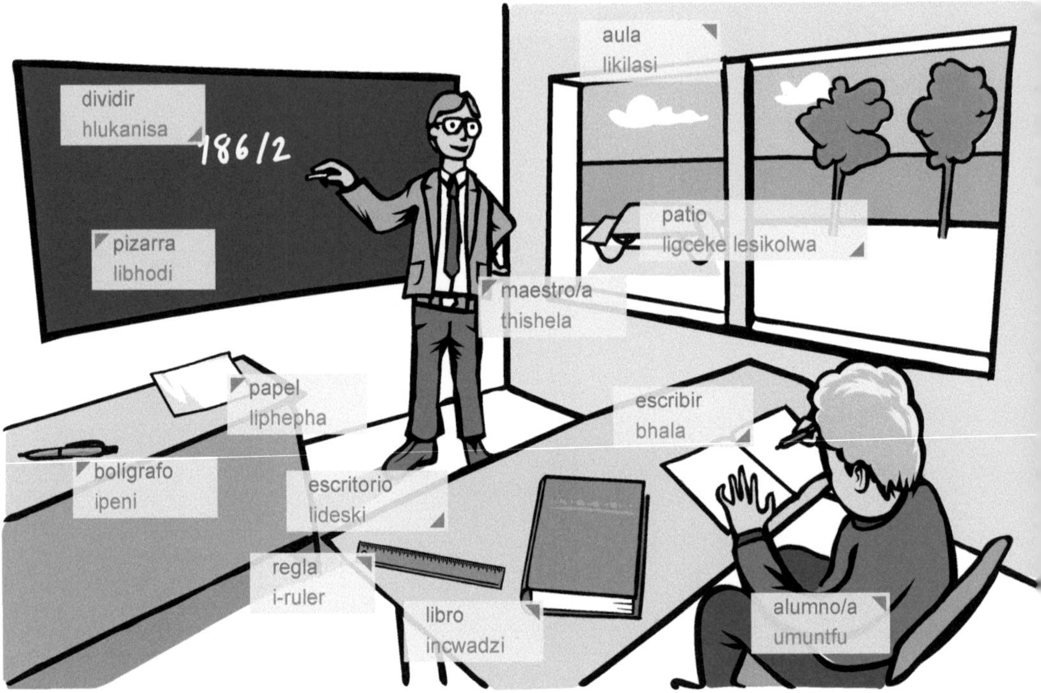
aula
likilasi
dividir
hlukanisa
186/2
pizarra
libhodi
patio
ligceke lesikolwa
maestro/a
thishela
papel
liphepha
escribir
bhala
bolígrafo
ipeni
escritorio
lideski
regla
i-ruler
libro
incwadzi
alumno/a
umuntfu

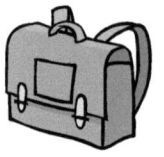

cartera

sikhwama setincwadzi tesikolwa

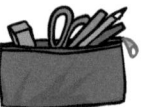

caja de lápices

sikhwanyana semapenisela

lápiz

ipenisela

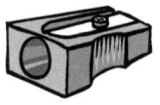

sacapuntas

umshini wekulolo ipenisela

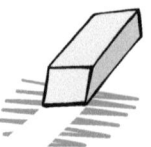

goma de borrar

i-rubber

cuaderno de dibujo

intfo yekudvweba

dibujo

umdvwebo

pincel

libhulashi lekupenda

caja de pinturas

libhokisi lekupenda

tijeras

tikelo

pegamento

i-glue

cuaderno de ejercicios

incwadzi yekutadisha

deberes

umsebenti wasekhaya

número

inombolo

sumar

hlanganisa

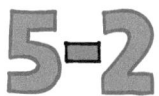

restar

susa

multiplicar

phindzaphidza

calcular

bala

letra

incwadzi

alfabeto

feleba

palabra

ligama

texto

umbhalo

leer

fundza

tiza

ishogo

lección

sifundvo

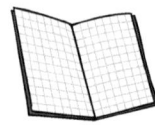

cuaderno de notas

i-register

examen

sivivinyo sekugcina

certificado

sitifiketi

uniforme escolar

timphahla tesikolwa

educación

imfundvo

enciclopedia

i-ensaklopheda

universidad

inyuvesi

microscopio

sipopolo

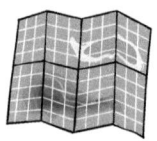

mapa

libalave

papelera

libhakede lekulahla
emaphepha

viaje
kuhamba

hotel
lihhotela
Grand
albergue
lihhostela
ROOMS
oficina de cambio de divisas
i-bureau de change
maleta
sikhwama setimphahla
coche
imoto

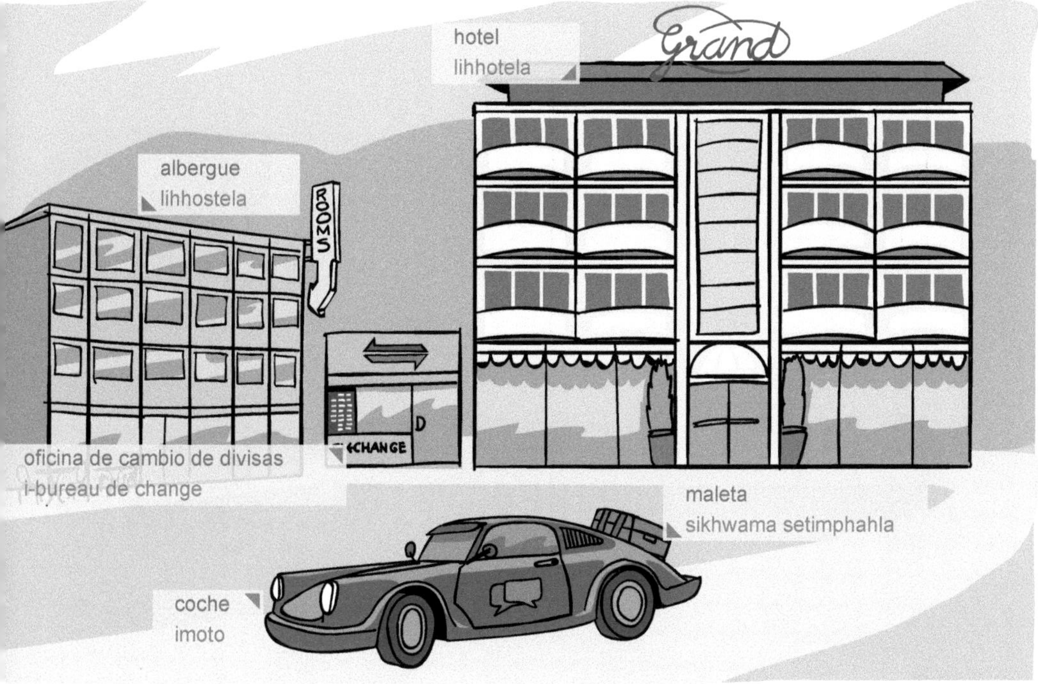

idioma

lulwimi

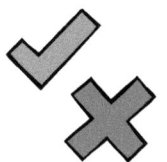

sí / no

yebo / cha

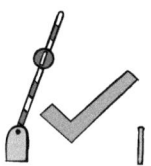

Vale

Kulungile

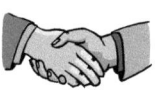

hola

sawubona

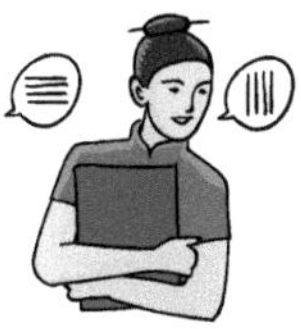

traductor

umhumushi

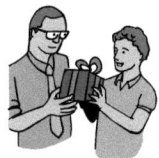

Gracias

Siyabonga

¿cuánto es...?

ingumalini i....?

No entiendo

angivisisi kahle

problema

inkinga

¡Buenas tardes!

Lishonile!

¡Buenos días!

Kusile!

¡Buenas noches!

Ulale kahle!

adiós

sala kahle

dirección

sicondziso

equipaje

umtfwalo

bolsa

sikhwama

mochila

sikhwama lesigacwako

invitado

sivakashi

habitación

likamelo

saco de dormir

sikhwama sekulala

tienda de campaña

lithende

información turística

imininingwane yetivakashi

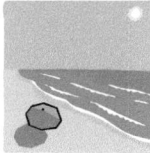

playa

ibhishi

tarjeta de crédito

likhadi lemali

desayuno

kudla kwasekuseni

almuerzo

kudla kwasemini

cena

kudla kwantsambama

billete

lithikithi

ascensor

i-lift

sello

sitembu

frontera

umcele

aduana

emakhasimende

embajada

i-embasi

visa

i-visa

pasaporte

ipasipoti

transporte

kwetfutsa

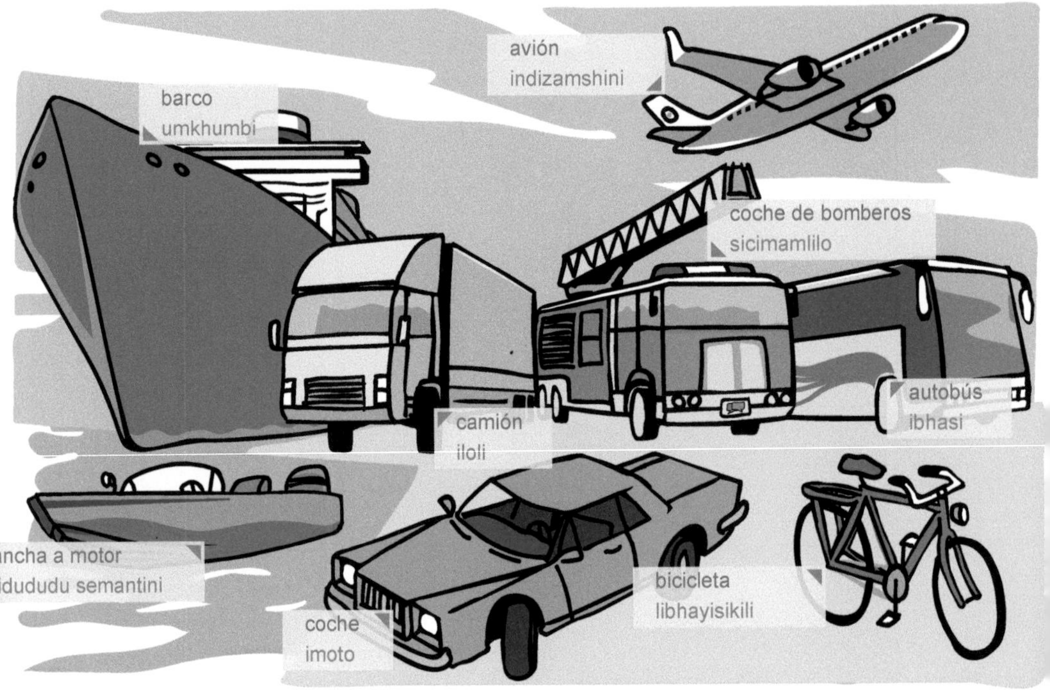

avión
indizamshini
barco
umkhumbi
coche de bomberos
sicimamlilo
autobús
ibhasi
camión
iloli
ancha a motor
idududu semantini
bicicleta
libhayisikili
coche
imoto

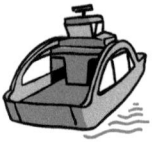

transbordador

i-ferry

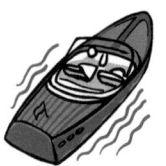

barca

sikebhe

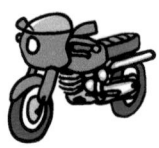

moto

sidududu

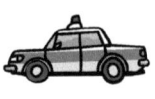

coche de policía

imoto yemaphoyisa

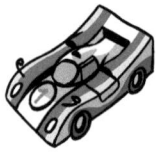

coche de carreras

imoto yemjaho

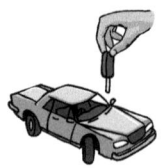

coche de alquiler

imoto yekucashisa

préstamo de vehículos

kubolekana imoto

grúa

i-breadown

camión de la basura

iloli yetibi

motor

imoto

gasolina

phethiloli

gasolinera

ligalaji laphethiloli

señal de tráfico

luphawu lwemgwaco

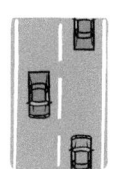

tráfico

incumbi yetimoto

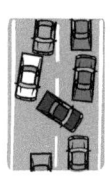

atasco

incumbi yetimoto letime
emngwacweni

aparcamiento

ipaki yemoto

estación de tren

siteshi sesitimela

vías

imizila

tren

sitimela

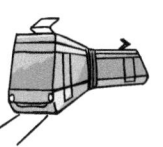

tranvía

i-tram

vagón

inkalishi

helicóptero

indiza lenaphephela emhlane

aeropuerto

sikhungo setindiza

torre

imoto yekudvonsa letibhajiwe

pasajero

bagibeli

contenedor

intfo yekutfwala

caja de cartón

likhathoni

carretilla

i-cart

cesta

bhasikidi

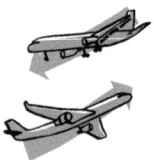

despegar / aterrizar

kusuka / kwehla

ciudad

lidolobha lelikhulu

pueblo

umuti

centro de ciudad

ekhatsi nelidolobha

casa

indlu

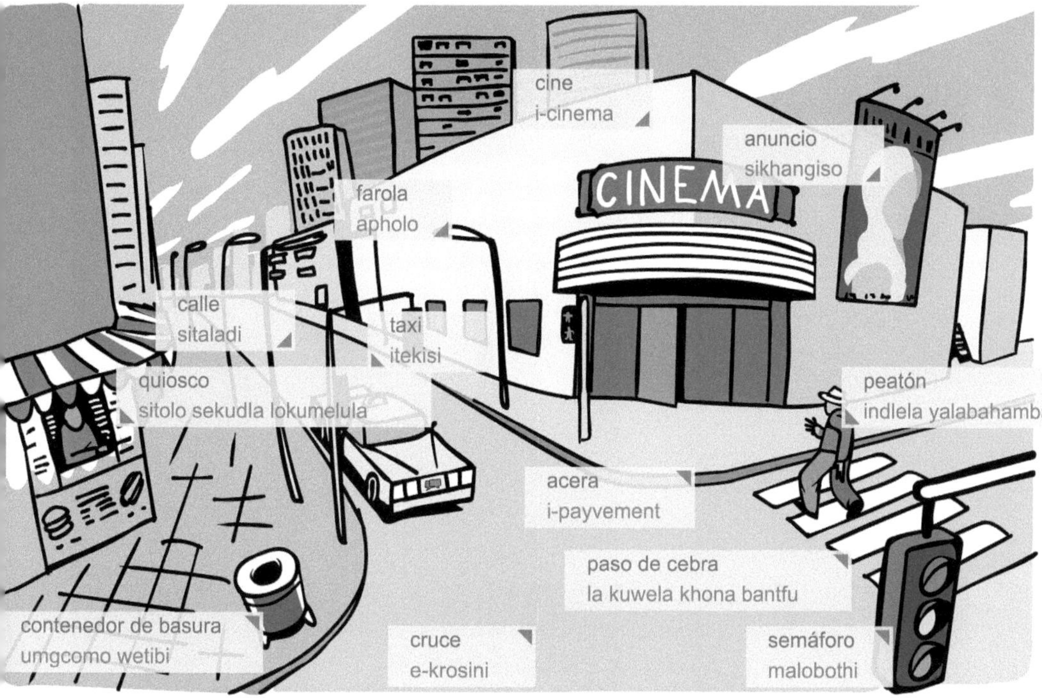
cine
i-cinema
CINEMA
anuncio
sikhangiso
farola
apholo
calle
sitaladi
taxi
itekisi
quiosco
sitolo sekudla lokumelula
peatón
indlela yalabahamba
acera
i-payvement
paso de cebra
la kuwela khona bantfu
contenedor de basura
umgcomo wetibi
cruce
e-krosini
semáforo
malobothi

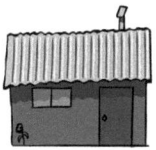

cabaña

gucasthandaze

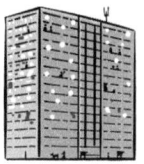

apartamento

lifulethi

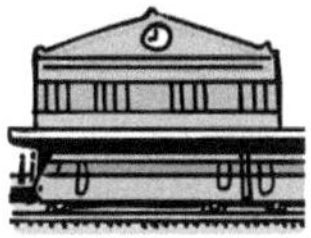

estación de tren

siteshi sesitimela

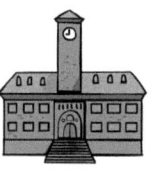

ayuntamiento

lihholwa lasedolobheni

MUSEUM

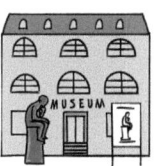

museo

imnyusiyamu

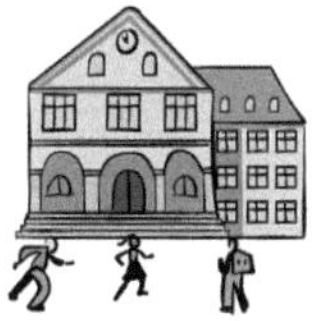

escuela

sikolwa

universidad

inyuvesi

banco

libhange

hospital

sibhedlela

hotel

lihhotela

farmacia

ikhemisi

oficina

lihhovisi

librería

sitolo setincwadzi

tienda

sitolo

floristería

lotsengisa timbali

supermercado

isuphamakethe

mercado

imakethe

grandes almacenes

litiko letitolo

pescadería

batsengisi betimfishi

centro comercial

luchungechuge lwetitolo

puerto

sikhungo

parque

lipaki

banco

libhentji

puente

libhuloho

escaleras

titezi

metro

ngephansi kwemhlaba

túnel

umhume

parada de autobús

siteshi sebhasi

bar

sitolo setjwala

restaurante

sitolo sekudla

buzón

libhokisi leliposi

poste indicador

luphawu lwemgwaco

parquímetro

umshini lobala sikhatsi
sekupaka

zoo

i-zoo

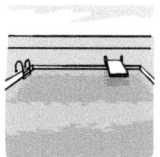

piscina

i-swimming pool

mezquita

lisontfo lemasulumane

granja

lipulazi

contaminación

kugcolisa umoya

cementerio

emathuna

iglesia

lisontfo

patio de juego

inkhundla yetemidlalo

templo

lithempeli

paisaje
libala

hoja
licembe

señal
luphawu lwemgwaco

camino
indlela

prado
umshiya

piedra
litje

árbol
sihlahla

excursionista
lohamba indlela lendze ngetinyawo

rio
umfula

hierba
tjani

flor
imbali

valle

sihosha

colina

ligcuma

lago

lidanyana

bosque

lihlatsi

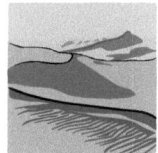

desierto

lihlane

volcán

intsabamlilo

castillo

umhlambi wetinkhomo

arcoíris

umushi wenkhosatane

champiñón

likhowa

palmera

sihlahla semphayini

mosquito

imbuzulwane

mosca

kundiza

hormiga

intfutfwane

abeja

inyosi

araña

sayobi

escarabajo

inkhubabulongo

rana

sicoco

ardilla

chakijane

erizo

ingungumbane

liebre

lolunye luhlobo lwalogwaja

lechuza

sikhova

pájaro

inyoni

cisne

i-swan

jabalí

ingulube yesiganga

ciervo

inyamatane

alce

i-moose

presa

lidamu

turbina eólica

i-wind turbine

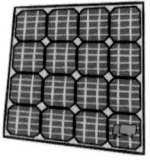

panel solar

i-solar panel

clima

simo selitulu

camarero
waiter

menú
luhla lwekudla

silla
situlo

sopa
lisobho

pizza
i-pizza

cubertería
tipuni imimese netimfologo

mantel
indvwangu yelitafula

primer plato
kudla lokusicalo

plato principal
kudla locinile

postre
idizethi

bebidas
tinatfo

comida
kudla

botella
libhodlela

comida rápida

kudla lokusheshako

comida callejera

kudla kwasemngwacweni

tetera

ligedlela lelitiye

azucarero

indishi yashukela

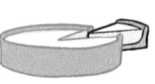

porción

incenye

cafetera expreso

umshini we-espresso

trona

situlo lesiphakeme

cuenta

ibhili

bandeja

li-tray

cuchillo

umukhwa

tenedor

imfologo

cuchara

sipuni

cucharilla

sipuni lesincane

servilleta

ithishu yetandla

vaso

ligilasi

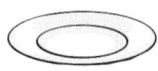

plato

lipuleti

plato hondo

lipuleti lelisobho

platillo

lipringi

salsa

i-sauce

salero

libhodvo lasawoti

molinillo de pimienta

i-pepper mill

vinagre

niniga

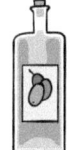

aceite

emafutsa awoyela

especias

tipayisi

ketchup

i-ketchup

mostaza

i-mustard

mayonesa

mayonasi

supermercado
isuphamakethe

oferta especial
lokusendalini
FOR
cliente
likhasimende
lácteos
indzawo yelubisi
fruta
titselo
carro de la compra
i-trolley

BUTCHERS

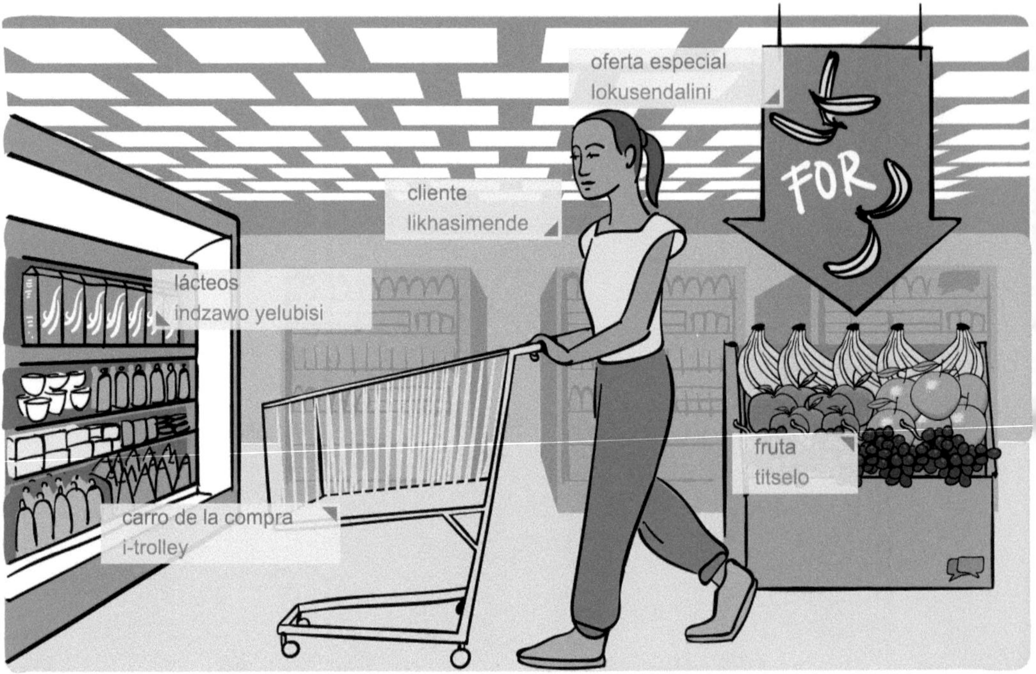

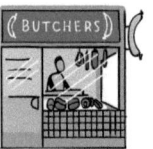

carnicería

ibhushari

BAKERY

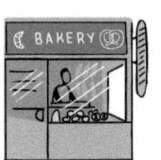

panadería

i-baker

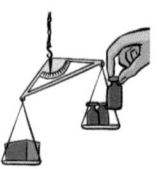

pesar

kala

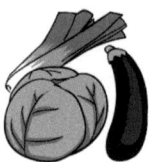

verduras

tibhidvo

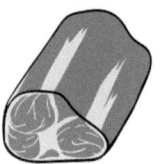

carne

inyama

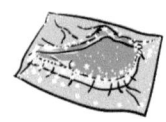

alimentos congelados

kudla lokucandzisiwe

fiambres

inyama lebandzako

conservas

kudla likusemathinini

detergente en polvo

insipho yekuwasha

dulces

emaswidi

productos de uso doméstico

tintfo tasekhaya

productos de limpieza

imitsi yekukolobha

vendedora

umuntfu lotsengisako

caja

endzaweni yekubhadala

cajero

umtsengisi

lista de la compra

luhla lwetintfo tekutsengwa

horario de atención al público

ema-awa ekuvula

cartera

sipatji

tarjeta de crédito

likhadi lemali

bolsa

sikhwama

bolsa de plástico

sikhwama seshekhasi

agua

emanti

zumo

ijuzi

leche

lubisi

cola

ikhokhi

vino

liwani

cerveza

ibhiya

alcohol

tjwala

cacao

ikhokho

té

litiye

café

likhofi

expreso

i-espresso

capuchino

i-cappuccino

plátano

bhanana

manzana

lihhabhula

naranja

liwolintji

melón

melon

limón

ilemoni

zanahoria

emavondlela

ajo

galiki

bambú

i-bamboo

cebolla

anyanisi

champiñón

emakhowa

avellanas

emantongomane

fideos

ema-noodles

espagueti

sipageti

arroz

lilayisi

ensalada

isaladi

patatas fritas

emashibusi

patatas fritas

emazambane lafrayiwe

pizza

i-pizza

hamburguesa

i-burger

ˊsándwich

isengwishi

filete

inyama lefulawe netimvitsi tesinkhwa

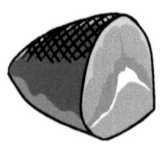

jamón

i-ham

salami

isalami

salchicha

livosi

pollo

inyama yenkhukhu

asado

lokufrayiwe

pescado

imfishi

copos de avena

i-oats

muesli

imusili

copos de maíz

ema-cornflakes

harina

fulawa

cruasán

ema-croissant

panecillo

sinkhwa

pan

sinkhwa

tostada

linkhwa lesithosiwe

galletas

emabhisikidi

mantequilla

bhotela

cuajada

i-curd

pastel

likhekhe

huevo

emacandza

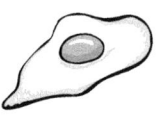

huevo frito

emacandza lafulayiwe

queso

ishizi

helado

i-ice cream

azúcar

shukela

miel

luju

mermelada

jamu

crema de turrón

shokolethi

curry

ikheri

granja
lipulazi

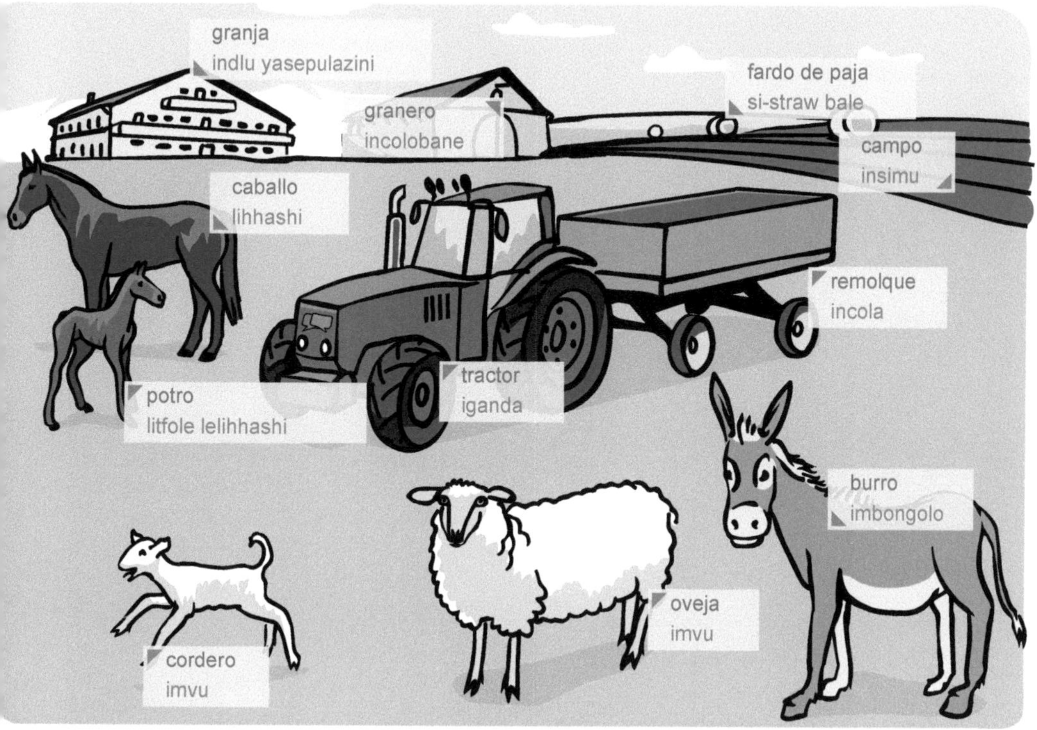
granja
indlu yasepulazini
granero
incolobane
fardo de paja
si-straw bale
campo
insimu
caballo
lihhashi
remolque
incola
tractor
iganda
potro
litfole lelihhashi
burro
imbongolo
oveja
imvu
cordero
imvu

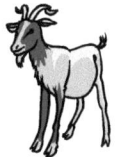

cabra

imbuti

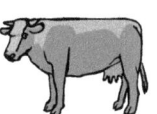

vaca

inkhomo

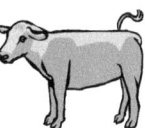

ternero

litfole

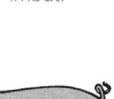

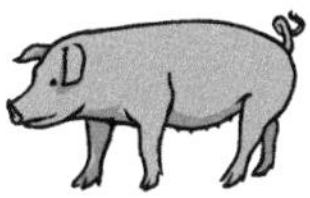

cerdo

ingulube

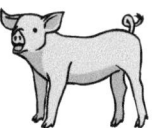

cerdito

ingulutjana

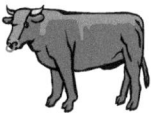

toro

inkhunzi

ganso

lihansi

pato

lidada

pollo

lintjwele

gallina

sikhukhukati

gallo

lichudze

rata

ligundvwane

gato

likati

ratón

ligundvwane lelincane

buey

inkhunzi

perro

inja

perrera

indlu yenja

manguera

liphayiphi lemanti
asengadzini

regadera

libhakede lemanti

guadaña

i-scythe

arado

likhuba leganda

hoz

lisikela

azada

likhuba

horca

imfologo yetjani

hacha

lizembe

carretilla

libhala

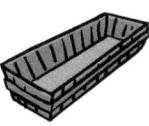

abrevadero

litrofula

lechera

iromkani

saco

lisaka

valla

ifenisi

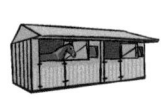

establo

sitebele

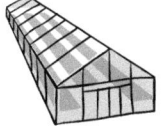

invernadero

indlu leluhlata

suelo

umhlabatsi

semilla

imbewu

fertilizador

sivundzisi

cosechadora

bavuni

cosechar

vuna

cosecha

sivuno

ñame

i-yams

trigo

likhula

soja

isoyi

patata

lizambane

maíz

sibhuluja sembila

semilla de colza

i-rapeseed

árbol frutal

sihlahla setitselo

mandioca

bhatata

cereales

ema-cereals

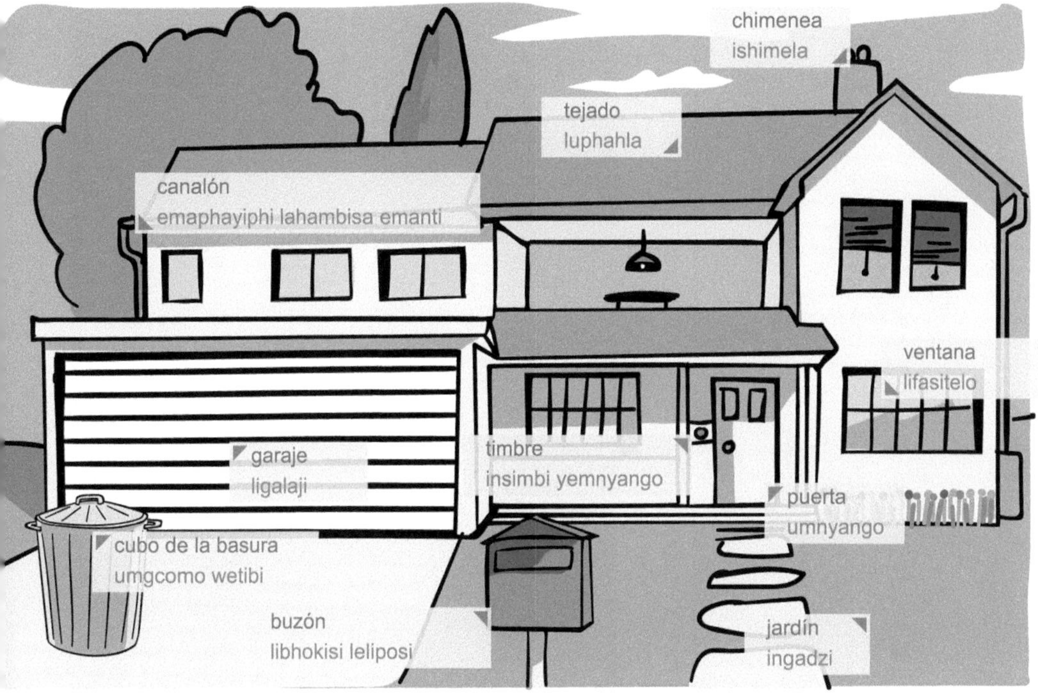

chimenea
ishimela

tejado
luphahla

canalón
emaphayiphi lahambisa emanti

ventana
lifasitelo

garaje
ligalaji

timbre
insimbi yemnyango

puerta
umnyango

cubo de la basura
umgcomo wetibi

buzón
libhokisi leliposi

jardín
ingadzi

sala

indzawo yamabonakudze

cuarto de baño

likamelo lekugezela

cocina

likhishi

dormitorio

likamelo

habitación de los niños

likamelo lemntfwana

comedor

ligumbu lekudlela

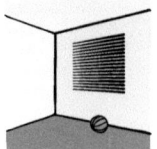

suelo

siyilo

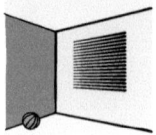

pared

lubondza

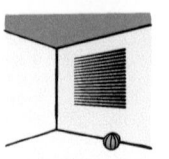

techo

isilingi

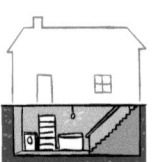

sótano

i-cellar

sauna

i-sauna

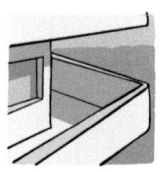

balcón

umpheme

terraza

libala

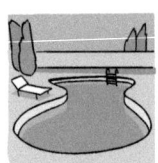

piscina

lidamu lekududa

cortacésped

umshini wetjani

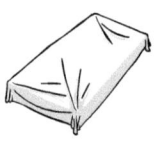

sábana

lishidi

colcha

ibhedspredi

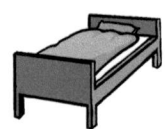

cama

umbhedze

escoba

umshanelo

balde

libhakede

interruptor

iswishi

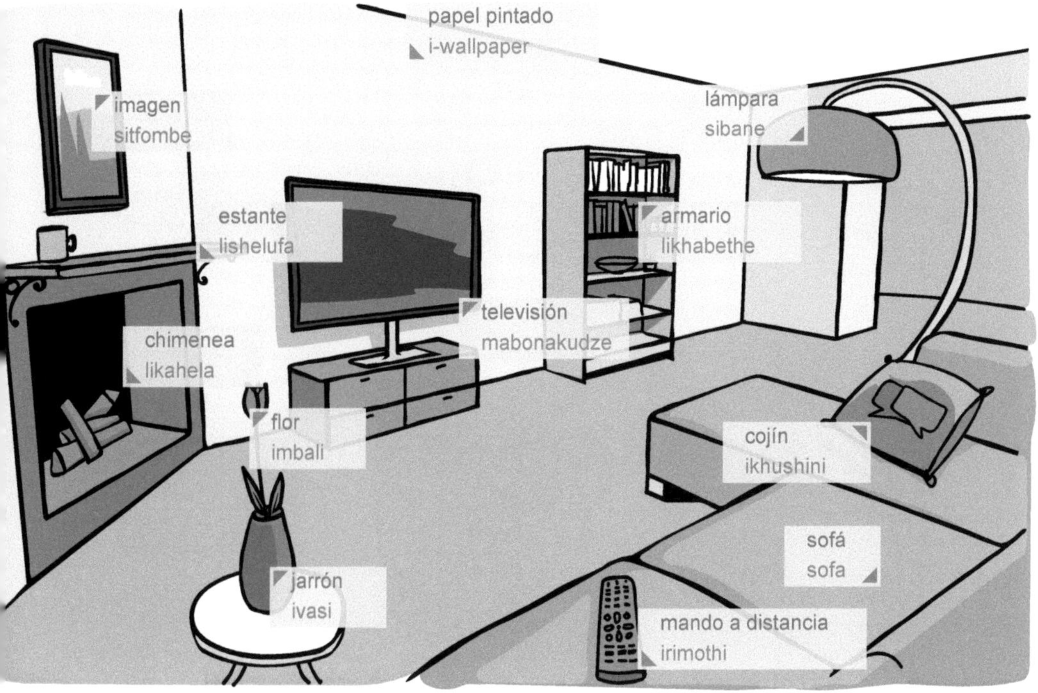

papel pintado
i-wallpaper

imagen
sitfombe

lámpara
sibane

estante
lishelufa

armario
likhabethe

chimenea
likahela

televisión
mabonakudze

flor
imbali

cojín
ikhushini

sofá
sofa

jarrón
ivasi

mando a distancia
irimothi

alfombra

imadi yendlu

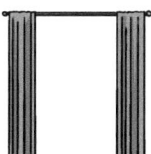

cortina

likhetheni

mesa

litafula

silla

situlo

mecedora

situlo sangephandle

butaca

situlosemikhono

libro

incwadzi

manta

ingubo

decoración

umhlobiso

leña

tinkhuni tekubasa

película

lifilimu

equipo de música

igumbagumba

llave

tikhiya

periódico

liphephandzaba

pintura

pende

póster

likhadi laselubondzeni

radio

iwayilensi

cuaderno

kwekutsa emaphuzu

aspiradora

i-hoover

cactus

sitjalo lokutsiwa yi-cactus

vela

likhandlela

cocina
likhishi

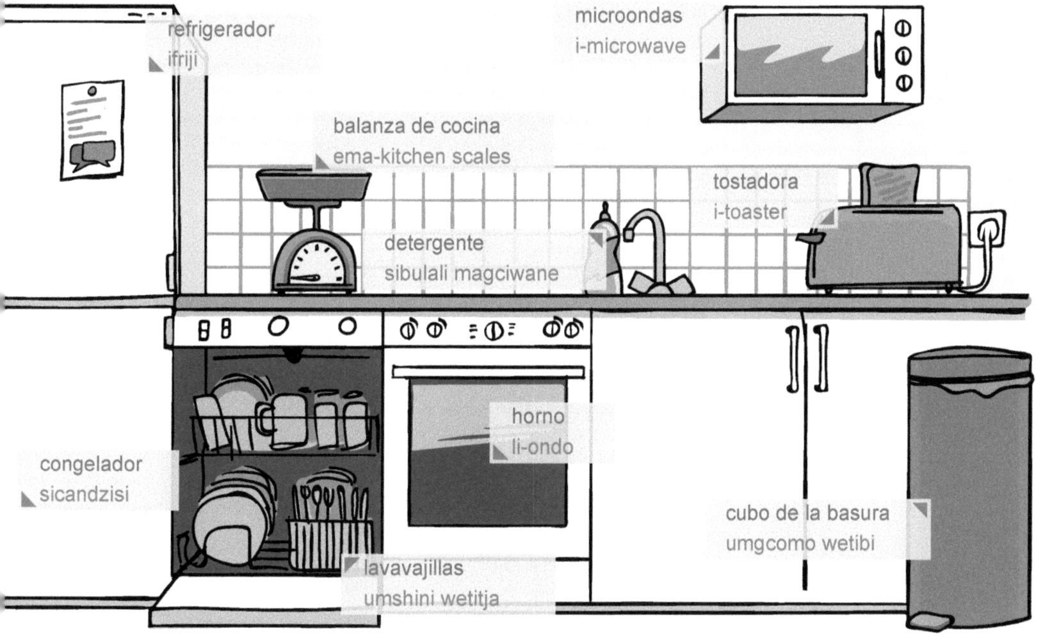

refrigerador
ifriji
microondas
i-microwave
balanza de cocina
ema-kitchen scales
tostadora
i-toaster
detergente
sibulali magciwane
horno
li-ondo
congelador
sicandzisi
cubo de la basura
umgcomo wetibi
lavavajillas
umshini wetitja

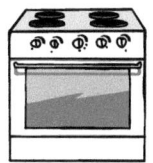

olla a presión
umpheki

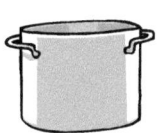

olla
libhodvo

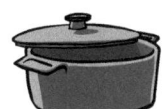

olla de hierro fundido
i-cast-iron pot

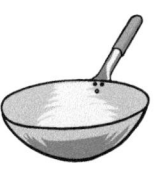

wok / karahi
i-wok /kadai

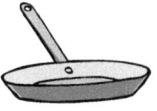

cazuela
lipani

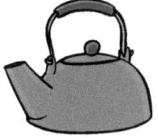

hervidor
ligedlela

vaporera

i-steamer

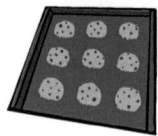

chapa de horno

lipani lekubhaka

vajilla

i-crockery

taza

imagi

tazón

indishi

palillos

tindvukwana tekujuba

cucharón

i-landle

espumadera

si-spatula

batidor

i-whisk

colador

i-strainer

cedazo

i-sieve

rallador

i-grater

mortero

i-mortar

barbacoa

i-barbecue

hoguera

umlilo lovulekile

tabla de picar

libhodi lekujuba kudla

rodillo

i-rolling pin

sacacorchos

i-corkscrew

lata

likani

abrelatas

lithulusi lekuvala likani

agarrador

intfo yekubeka emabhodvo

lavabo

izinki

cepillo

libhulashi

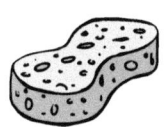

esponja

sipontji

batidora

i-blender

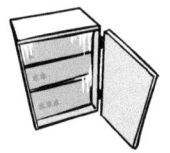

congelador

i-deep freezer

biberón

libhodlela lemntfwana

grifo

impompi

cuarto de baño
likamelo lekugezela

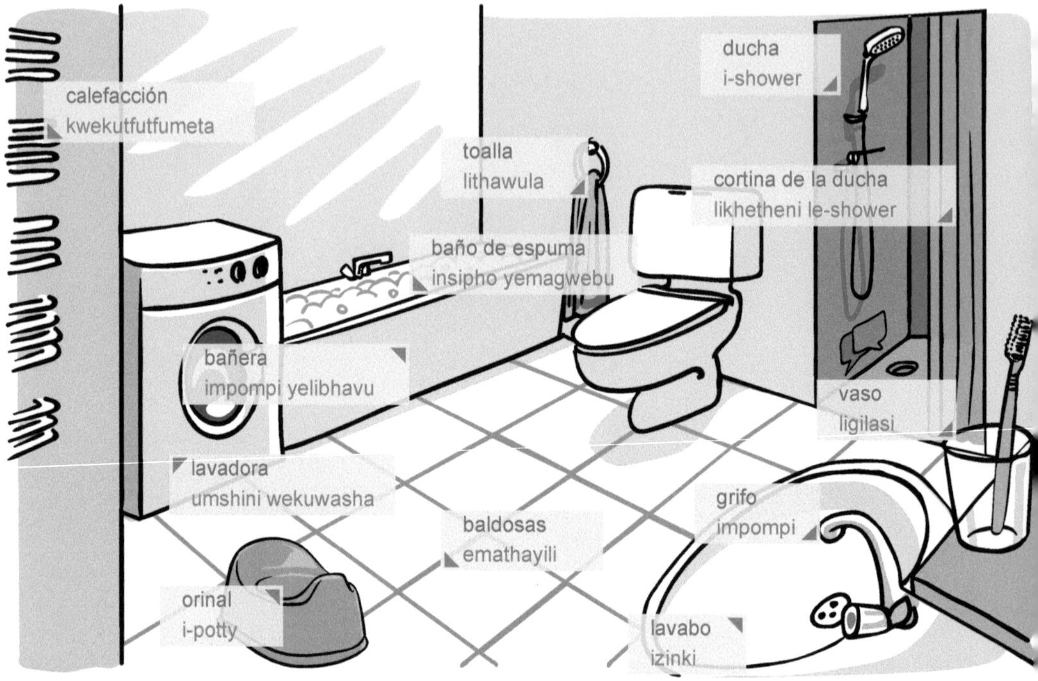
calefacción
kwekutfutfumeta
ducha
i-shower
toalla
lithawula
cortina de la ducha
likhetheni le-shower
baño de espuma
insipho yemagwebu
bañera
impompi yelibhavu
vaso
ligilasi
lavadora
umshini wekuwasha
grifo
impompi
baldosas
emathayili
orinal
i-potty
lavabo
izinki

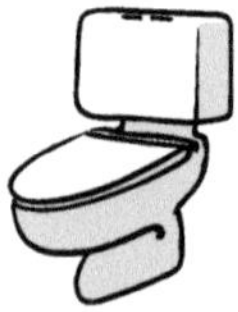

inodoro
umthoyi

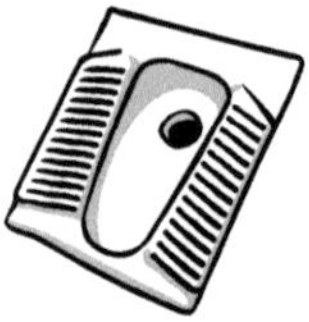

inodoro rústico
libhodvo lemthoyi

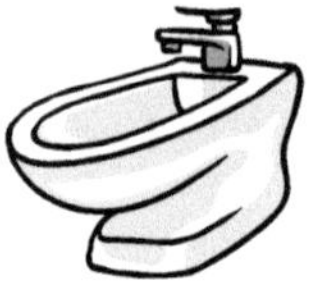

bidé
i-bidet

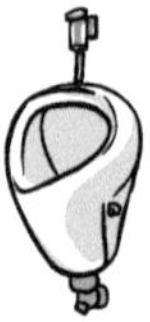

urinario
umnchamo

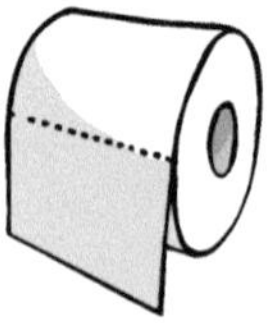

papel higiénico
ithishu

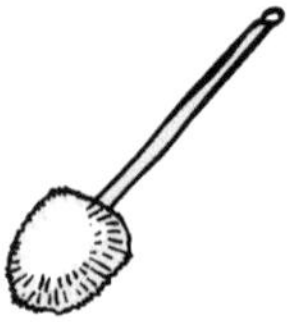

escobilla del váter
libhulashi lemthoyi

cepillo de dientes

libhulashi lematinyo

pasta de dientes

insipho yematinyo

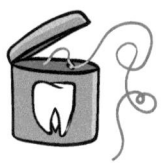

hilo dental

intsambo yekuhlanta
ematinyo

lavar

washa

ducha de mano

liphayiphu le-shower
lelibanjwa ngetandla

ducha íntima

i-douche

pila

i-basin

cepillo de espalda

libhulashi lemgogodla

jabón

insipho lecinile

gel de ducha

i-gel ye-shower

champú

insipho yemagwebu

toallita

i-flannel

desagüe

kwekuhambisa emanti

crema

i-cream

desodorante

emakha emakhwapha

espejo

sibuko

espejo de tocador

sibuko lesincane

maquinilla de afeitar

i-razor

espuma de afeitar

emagwebu ekushefa

loción postafeitado

kwegcobisa ngemuva
kwekushefa

peine

i-comb

cepillo

libhulashi

secador

kwekomisa tinwele

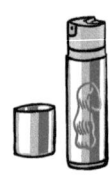

laca

kwekufutsa tinwele

maquillaje

kwekutimomonya

pintalabios

i-lipstick

pintauñas

pende wetingalo

algodón

i-cotton wool

cortauñas

sikelo setingalo

perfume

emakha

estuche de viaje

sikhwama setintfo tekugeza

banqueta

situlo

balanza

sikali sesisindvo

albornoz

kwekugcoka nawugeza

guantes de goma

emagilavu e-rubber

tampón

i-tampon

compresa

lithawula lekuhlanta

inodoro químico

imitsi yekukolobha umthoyi

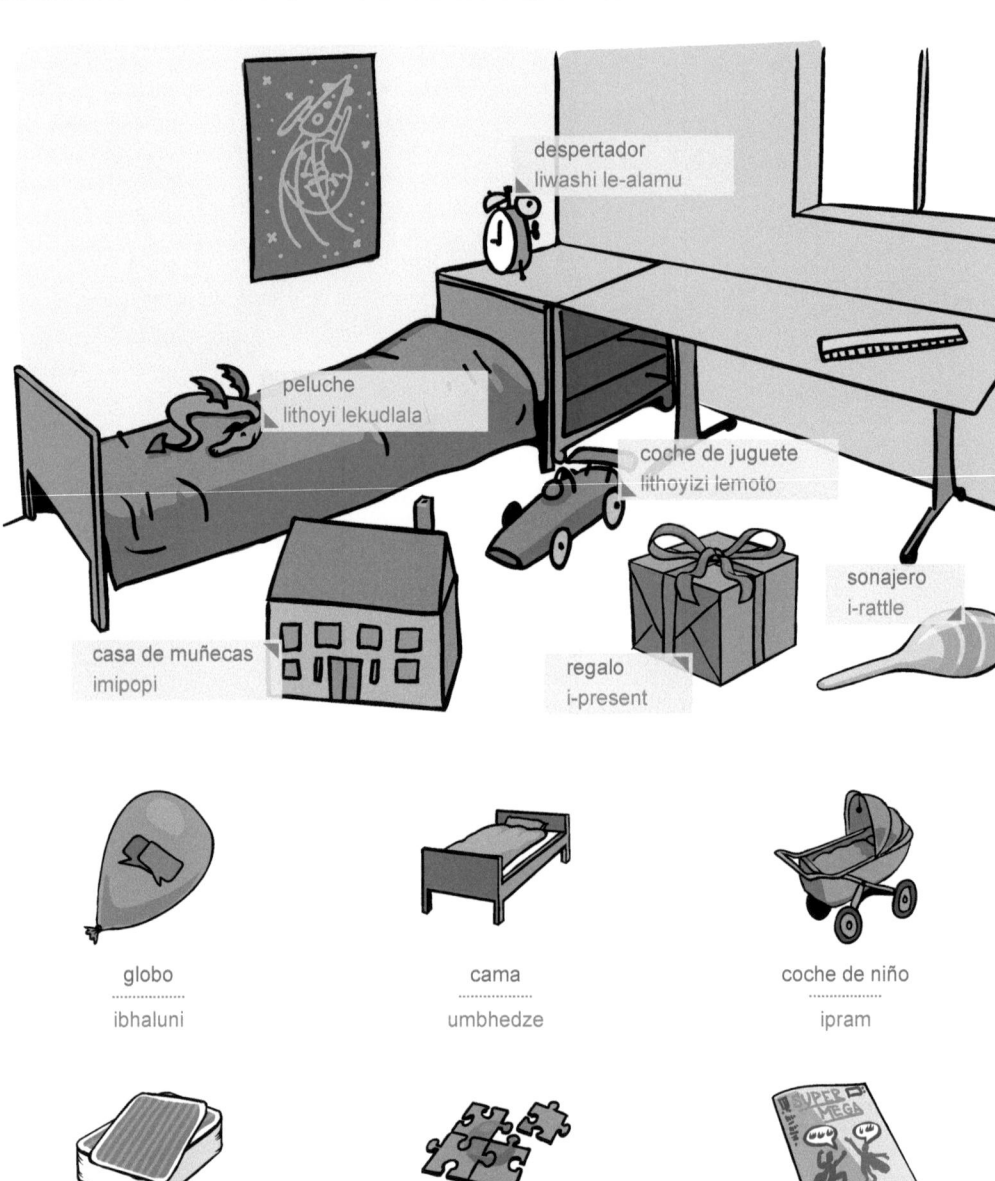

despertador
liwashi le-alamu

peluche
lithoyi lekudlala

coche de juguete
lithoyizi lemoto

sonajero
i-rattle

casa de muñecas
imipopi

regalo
i-present

globo
ibhaluni

cama
umbhedze

coche de niño
ipram

naipes
emakhadi ekudlala

puzle
i-jigsaw

tebeo
i-comic

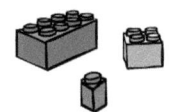

piezas de lego

emabloko e-lego

bloques de juguete

emabloko ekwakha

figura de acción

i-actionfigure

bodi (de bebé)

kukhula kwemntfwana

frisbee

i-frisbee

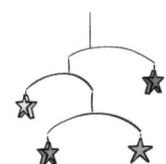

colgador móvil para bebés

i-mobile

juego de mesa

ibhodi yemdlalo

dados

lidayisi

circuito de tren eléctrico

isethi yemathoyizi etitimela

maniquí

i-dummy

fiesta

i-party

álbum de fotos

incwadzi yetitfombe

pelota

ibhola

muñeca

nodoli

jugar

dlala

cajón de arena

umgodzi wemhlabatsi

columpio

umjikeli

juguetes

emathoyizi

videoconsola

umshini wemdlalo wema-
video

triciclo

masondvontsatfu

oso de peluche

umdoli welibhele

guardarropa

ihhodrobhu

ropa

timphahla tekugcoka

calcetines

emakawosi

medias

ema-stockings

leotardos

umtjopi

bufanda
sikafu

cinturón
libhande

paraguas
sambulelo

camiseta
tikibha

deportivas
timphahla tekujima

botas
emabhudzi

zapatillas
ticatfulo tasendlini

sandalias
tincabule

zapatos
ticatfulo

botas de goma
emabhudzi emvula

slip
emabhuluko angephansi

sostén
ibhodi

chaleco
i-vest

bodi
umtimba

pantalones
emabhuluko

vaqueros
ibhokathi

falda
sikedi

blusa
liblawosi

camisa
liyembe

jersey
i-pullover

suéter
i-hoodie

blazer
libhantji

chaqueta
silamba

abrigo
lijazi

gabardina
lijazi lemvula

traje
i-costume

vestido
lilogo

vestido de novia
likogo lemshado

traje

isudi

camisón

i-gown yasebusuku

pijama

emabhijamu

sari

i-sari

bandana

sikafu

turbante

i-turban

burka

i-burqa

caftán

i-kaftan

abaya

i-abaya

traje de baño

timphahla tekududa

bañador

ema-anda

pantalones cortos

emabhuluko lamafishane

chándal

i-treksudi

delantal

liphinifa

guantes

emaglavu

botón

inkinobho

gafas

tibuko

brazalete

buhlalu

collar

umgaco

anillo

indandatho

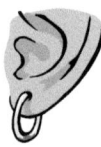

pendiente

emacici

gorra

likepisi

percha

i-hanger yelijazi

sombrero

sigcoko

corbata

thayi

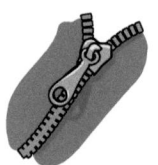

cremallera

iziphu

casco

sivikelo senhloko

tirantes

kwekusekela sitfo semtimba

uniforme escolar

timphahla tesikolwa

uniforme

inyunifomu

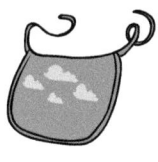

babero

i-bib

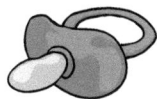

maniquí

i-dummy

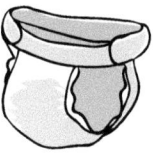

pañal

linabukeli

oficina
lihhovisi

servidor
i-server
archivo
likhabethe lemafayela
impresora
i-printer
papel
liphepha
monitor
i-monitor
ratón
i-mouse
escritorio
lideski
carpeta
intfo yekugoca
teclado
i-keyboard
apelera
ibhakede lekulahla emaphepha
silla
situlo
ordenador
ngconomshina

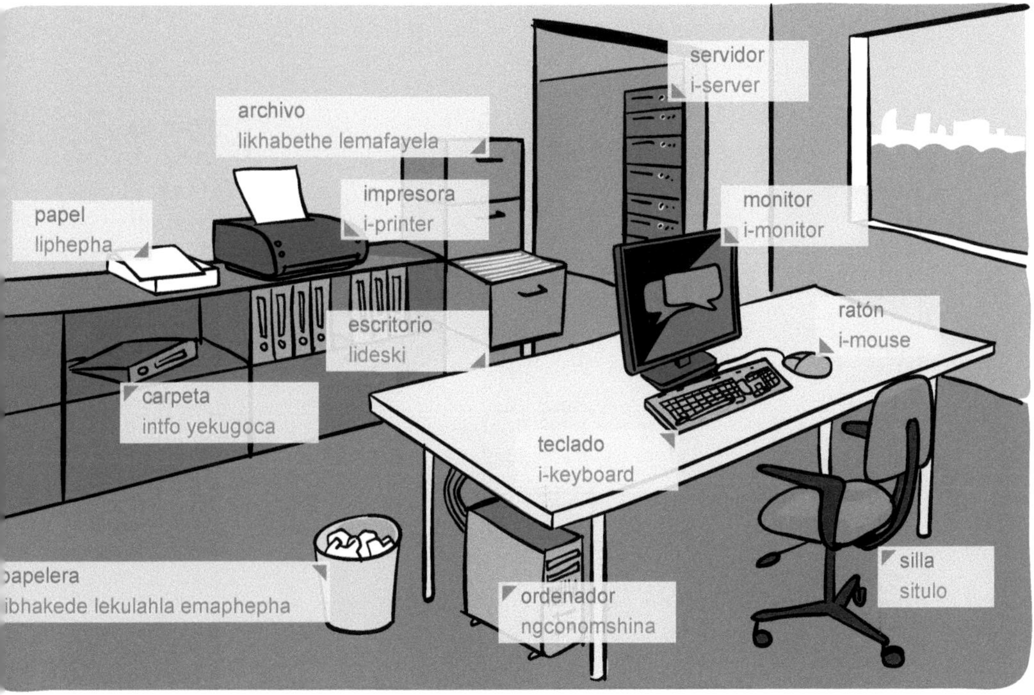

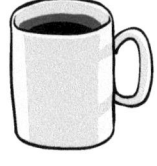

taza de café

likomishi lelikofi

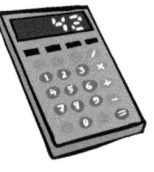

calculadora

i-calculator

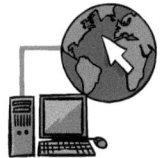

internet

i-inthanethi

portátil

i-laptop

carta

incwadzi

mensaje

umlayeto

móvil

i-mobile

red

i-network

fotocopiadora

umshini wekwenta emakhophi

software

i-software

teléfono

lucingo

toma de corriente

liplaliki lagesi

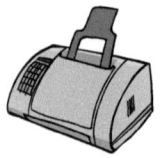

fax

umshini wekufeksa

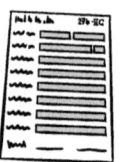

formulario

lifomu

documento

liphepha

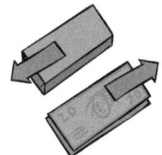

comprar

tsenga

pagar

bhadala

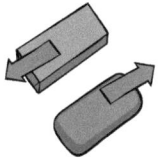

comerciar

beka imali

dinero

imali

dólar

li-dollar

euro

li-euro

yen

li-yen

rublo

li-rouble

franco suizo

i-Swiss franc

renminbi yuan

i-renminbi yuan

rupia

i-rupee

cajero automático

umshini wemali

oficina de cambio de divisas

....

i-bureau de change

oro

....

ligolide

plata

....

lisiliva

petróleo

....

woyela

energía

....

emandla

precio

....

linani

contrato

....

sivumelwano

impuesto

....

umtselo

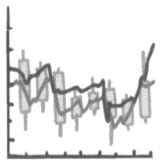

acción

....

sitoko

trabajar

....

sebenta

empleado

....

sisebenti

empleador

....

umcashi

fábrica

....

ifemu

tienda

....

sitolo

agente de policía
liphoyisa

bombero
umcimimlilo

cocinero
umpheki

médico
dokotela

piloto
umshayeli wetindiza

jardinero

losebenta engadzini

carpintero

ummbati

costurera

umtfungi

juez

mehluleli

farmacéutico

khemisi

actor

umlingisi

conductor de autobús

umshayeli webhasi

taxista

umshayeli wekhumbi

pescador

umdvobi

señora de la limpieza

limedi

techador

umfuleli

camarero

waiter

cazador

umtingeli

pintor

mapendani

panadero

umbhaki

electricista

gesana

obrero

meselane

ingeniero

sonjiniyela

carnicero

umtsengisi wenyama

fontanero

somaphayiphi

cartero

lohambisa liposi

soldado

lisotja

arquitecto

umdvwebi wemapulani

cajero

umtsengisi

florista

umtsengisi wetimbali

peluquero

losebenta ngetinwele

revisor

umbhidisi

mecánico

mekhenikha

capitán

kaputeni

dentista

dokotela wematinyo

científico

sosayensi

rabino

rabi

imán

imam

monje

monk

sacerdote

umfundisi

herramientas
emathulusi

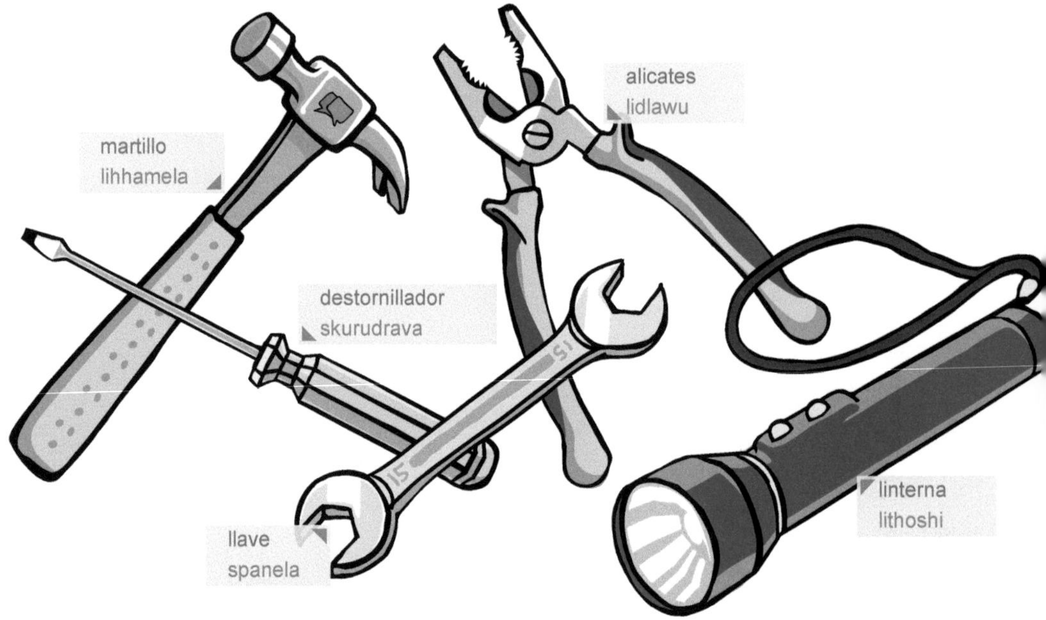

martillo
lihhamela
alicates
lidlawu
destornillador
skurudrava
llave
spanela
linterna
lithoshi

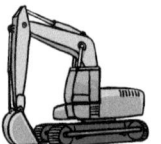

excavadora
lifosholo

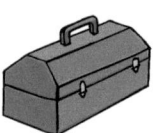

caja de herramientas
libhokisi lemathulusi

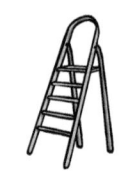

escalera de mano
lilele

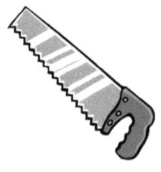

sierra
lisaha

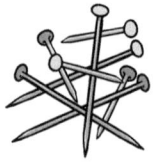

clavos
tipikili

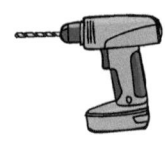

taladro
umshini wekwenta timbobo

reparar

lungisa

pala

lifosholo

¡Maldita sea!

i-Damni!

recogedor

lipani lekuwola tibi

bote de pintura

likani lapende

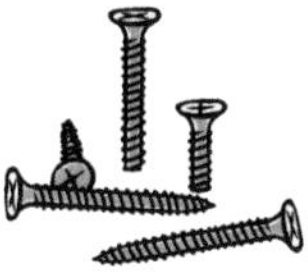

tornillos

tikruzi

instrumentos musicales
insimbi yemculo

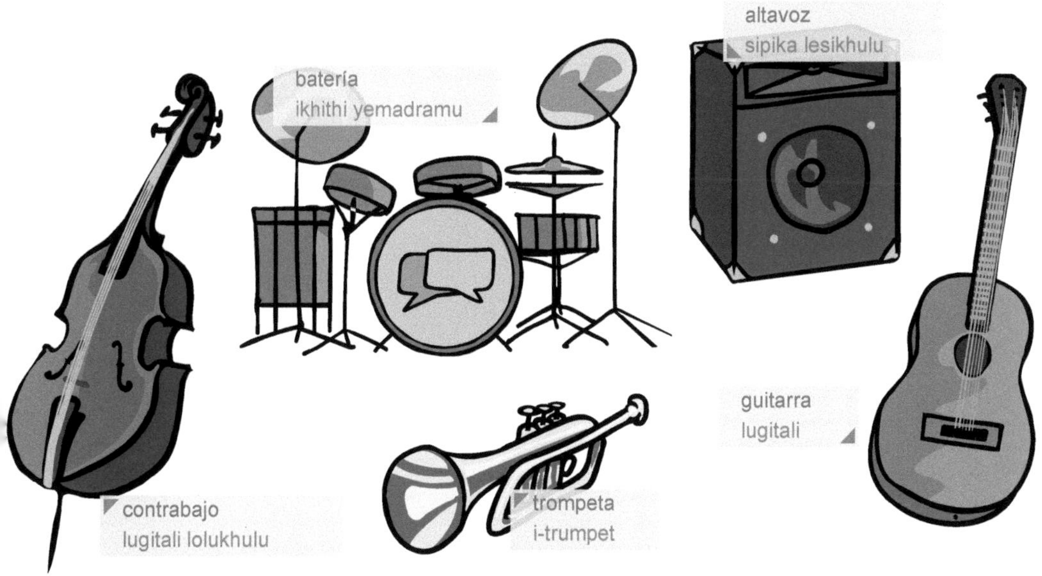

batería
ikhithi yemadramu

altavoz
sipika lesikhulu

guitarra
lugitali

contrabajo
lugitali lolukhulu

trompeta
i-trumpet

piano

i-piano

violín

ivayolini

bajo

ibhesi

timbales

i-timpani

tambor

emadramu

teclado

i-keyboard

saxofón

i-saxohone

flauta

ifluthi

micrófono

umbhobho

zoo

i-zoo

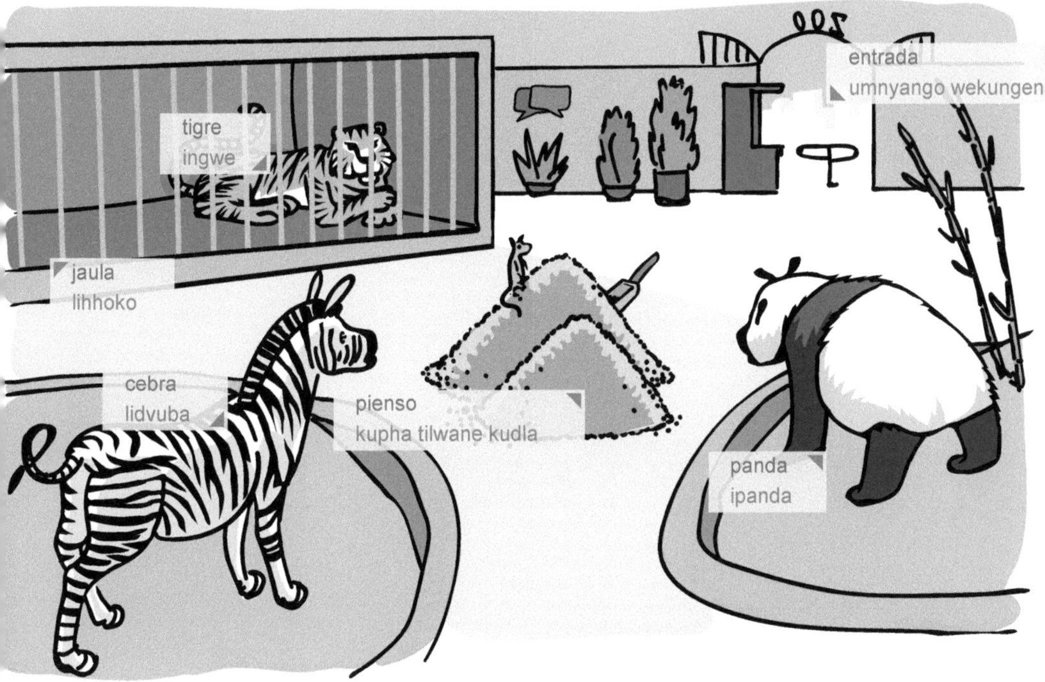

entrada
umnyango wekungena
tigre
ingwe
jaula
lihhoko
cebra
lidvuba
pienso
kupha tilwane kudla
panda
ipanda

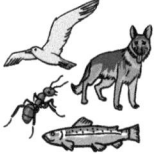

animales

tilwane

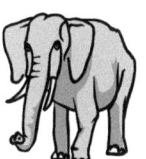

elefante

indlovu

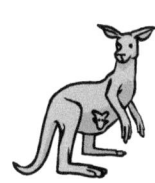

canguro

ikangaru

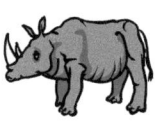

rinoceronte

bhejane

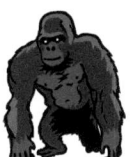

gorila

igorila

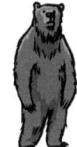

oso

libhele

camello

likamela

avestruz

i-ostrishi

león

libhubesi

mono

imfene

flamingo

i-flamingo

loro

iparoti

oso polar

libhele

pingüino

iphejini

tiburón

shaka

pavo real

iphigogo

serpiente

inyoka

cocodrilo

ingwenya

guardián de zoológico

umgcini tilwane

foca

isili

jaguar

i-jaguar

poni
poni

leopardo
ingwe

hipopótamo
imvubu

jirafa
indlulamitsi

águila
lusweti

jabalí
ingulube yesiganga

pescado
imfishi

tortuga
lifundvu

morsa
i-warasi

zorro
jakalazi

gacela
inyamatane

fútbol americano
libhola letinyawo laseMelika

ciclismo
umdlalo wemabhayisikili

tenis
itenesi

baloncesto
i-basketball

natación
kududa

hockey sobre hielo
umdlalo waselichweni

boxeo
umdlalo wetibhakela

fútbol

libhola letinyawo

bádminton

i-badminton

atletismo

tingijimi

balonmano

libhola letandla

esquí

umdlalo wekuntjuza

polo

i-polo

reír
hleka

saltar
gcuma

abrazar
gona

caminar
hamba

cantar
hlabela

soñar
liphupho

rezar
thantaza

besar
cabuza

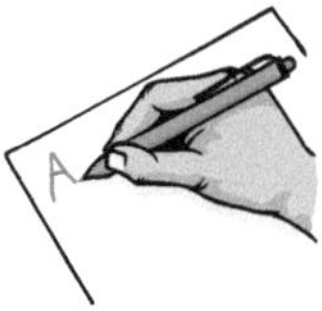

escribir	dibujar	mostrar
bhala	tsatsa	khombisa

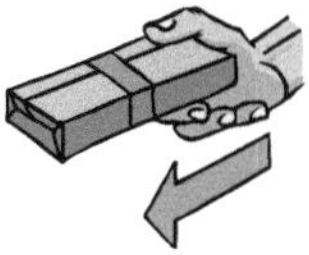

empujar	dar	tomar
fuca	nika	tsatsa

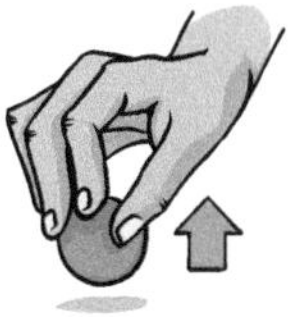

tener

tsatsa

hacer

yenta

ser

be

estar de pie

sukuma

correr

gijima

tirar

dvonsa

tirar

jika

caer

wani

yacer

cala emanga

esperar

mani

llevar

tsatsa

estar sentado

hlala

vestirse

yembatsa

dormir

lala

despertar

vuka

mirar

buka

llorar

khala

acariciar

shaya

peinar

kama

hablar

khuluma

entender

condza

preguntar

buta

escuchar

lalela

beber

natsa

comer

dlani

ordenar

gcogca

amar

tsandza

cocinar

pheka

conducir

shayela

volar

ndiza

navegar

ntjuza

calcular

bala

leer

fundza

aprender

fundza

trabajar

sebenta

casarse

shada

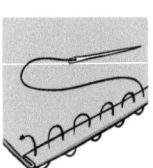

coser

tfunga

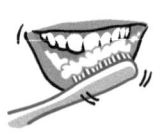

cepillarse los dientes

kugeza ematinyo

matar

bulala

fumar

bhema

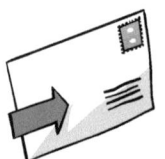

enviar

tfumela

abuela
gogo

abuelo
mkhulu

padre
babe

madre
make

bebé
umntfwana

hija
indvodzakati

hijo
indvodzana

invitado

sivakashi

tía

anti

tío

malume

hermano

umnaketfu

hermana

sisi

cuerpo

umtimba

frente
siphongo
ojo
liso
hombro
lihlombe
dedo
umuno
cara
buso
barbilla
silevu
mano
sandla
pierna
umbala
pecho
libele
brazo
umkhono

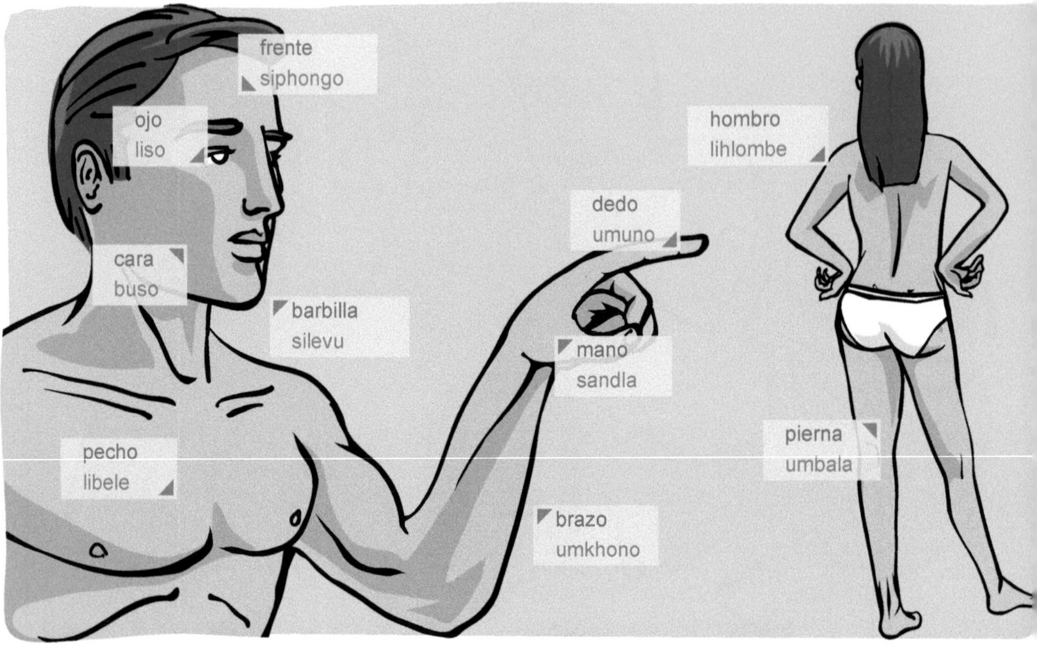

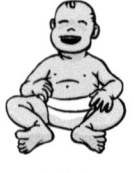

bebé

umntfwana

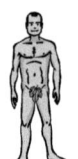

hombre

indvodza

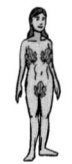

mujer

umfati

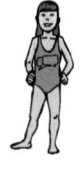

chica

intfombatane

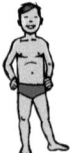

chico

umfana

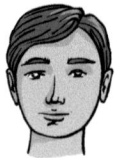

cabeza

inhloko

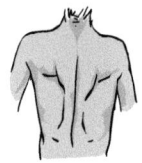

espalda

emuva

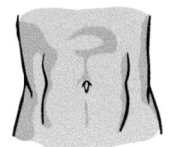

vientre

umkhatjana

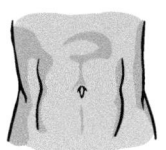

ombligo

sibhono

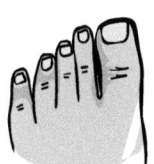

dedo del pie

luzwane

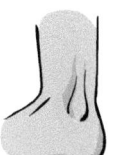

talón

sitsendze

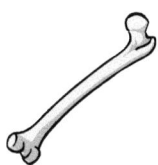

hueso

litsambo

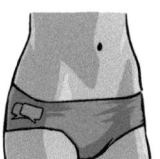

cadera

litsanga

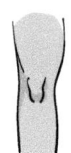

rodilla

lidvolo

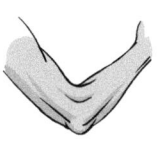

codo

ingcosa

nariz

imphumulo

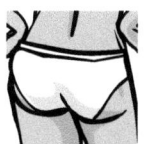

trasero

entansi

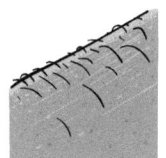

piel

sikhumba

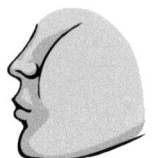

mejilla

sihlatsi

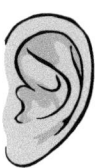

oído

indlebe

labio

indzebe

boca

umlomo

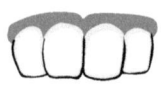

diente

litinyo

lengua

lilimi

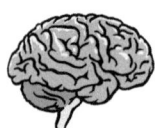

cerebro

bucopho

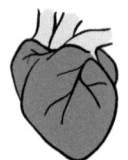

corazón

inhlitiyo

músculo

umsipha

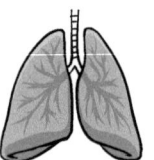

pulmón

liphaphu

hígado

sibindzi

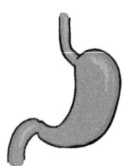

estómago

sisu

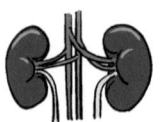

riñones

tinso

sexo

kulalana

condón

lijazi lemkhwenyana

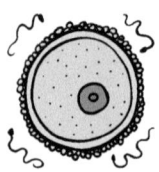

ovario

licandza lentalo

semen

sidvodza

embarazo

kukhulelwa

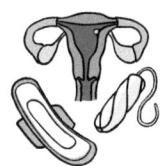

menstruación

kuya esikhatsini

vagina

ligolo

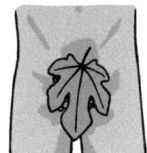

pene

umpipi

ceja

inkhophe

pelo

lunwele

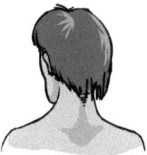

cuello

intsamo

hospital
sibhedlela

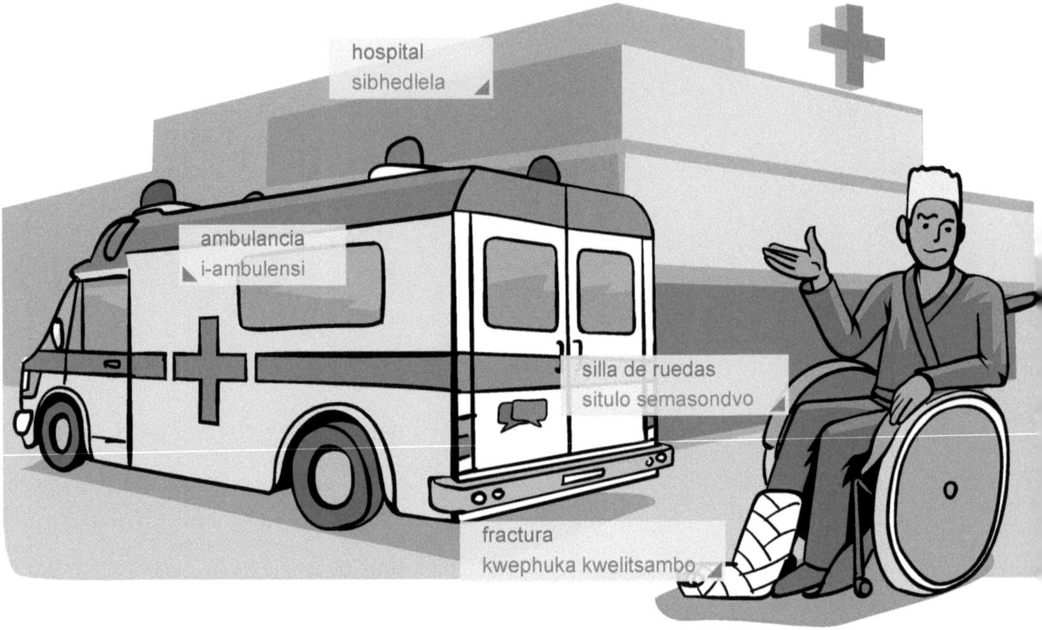

hospital
sibhedlela
ambulancia
i-ambulensi
silla de ruedas
situlo semasondvo
fractura
kwephuka kwelitsambo

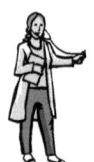

médico

dokotela

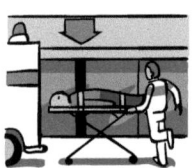

sala de urgencias

ligumbi letimo letiphutfumako

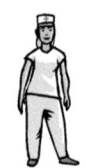

enfermera

nesi

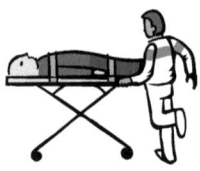

urgencia

simo lesiphutfumako

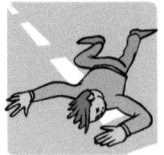

inconsciente

kucaleka

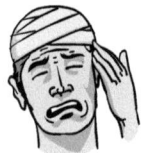

dolor

buhlungu

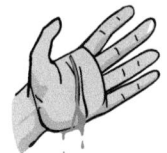

lesión
kulimala

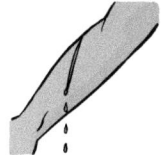

hemorragia
kopha

infarto
kuhlaselwa sifo senhlitiyo

ictus
kufa luhlangotsi

alergia
i-aleji

tos
kukhwehlela

fiebre
kushisa

gripe
umkhuhlane

diarrea
kusheka

dolor de cabeza
kubulawa yinhloko

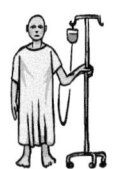

cáncer
umdlavuza

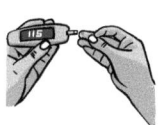

diabetes
kuba nashukela

cirujano
dokotela

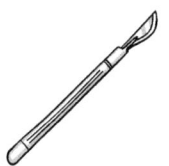

bisturí
umukhwa wekusika
wabodokotela

operación
kusikwa

TAC

i-CT

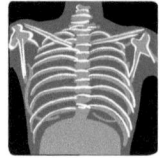

rayos x

i-x ray

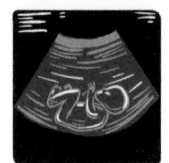

ultrasonido

umsindvo

mascarilla

sifonyo

enfermedad

sifo

sala de espera

ligumbi lekulindza

muleta

indvuku yekuhamba

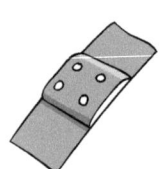

tirita

i-plaster

venda

ibhandishi

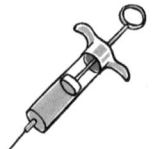

inyección

umjovo

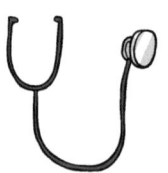

estetoscopio

lithulusi labodokotela
lekulalela inhlitiyo

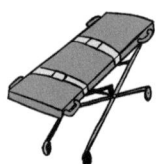

camilla

luhlaka

termómetro

kwekuhlola lizinga lemuntfu
lekushisa

nacimiento

kutalwa

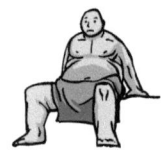

sobrepeso

kunona kakhulu

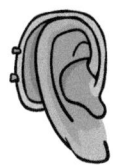

audífono

tinsita tekuva etindlebeni

desinfectante

sibulali magciwane

infección

kwesuleleka ngesifo

virus

ligciwane

VIH / SIDA

i-HIV / AIDS

medicina

umutsi

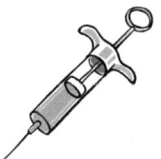

vacunación

kugoma

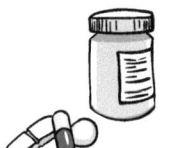

tabletas

emaphilisi

pastilla

liphilisi

llamada de urgencia

lucingo loluphutfumako

tensiómetro

sicaphi semfutfo wengati

enfermo / sano

gula / umcemane

¡Socorro!

Lusito!

asalto

kuhlukumeta

alarma

i-alamu

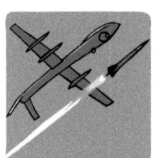

ataque

kuhlasela

peligro

ingoti

salida de emergencia

umnyango wekuphuma
nakuphutfuma

¡Fuego!

Umlilo

extintor de incendios

sicishamlilo

accidente

ingoti

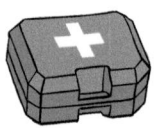

botiquín de primeros
auxilios

ikhidi yelusito lwekucala

SOS

SOS

policía

emaphoyisa

Europa

i-Europe

Norteamérica

iNyakatfo YeMelika

Sudamérica

iNingizimu YeMelika

África

i-Afrika

Asia

i-Asia

Australia

i-Australia

Atlántico

i-Atlantic

Pacífico

i-Pacific

Océano Índico

i-Idian Ocean

Océano Antártico

i-Antarctic Ocean

Océano Ártico

i-Arctic Ocean

polo norte

Ligumbi laseNyakatfo

polo sur

Ligumbi laseNingizimu

Antártida

iAntarctica

tierra

Umhlaba

tierra

indzawo

mar

lwandle

isla

sichingi

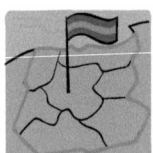

nación

sive

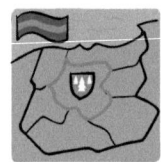

estado

umbuso

esfera

buso beliwashi

manecilla de las horas

li-awa

minutero

imizuzu

segundero

imizuzwana

¿Qué hora es?

sikhatsi sini nyalo?

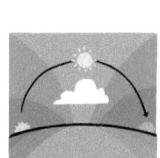

día

lusuku

tiempo

sikhatsi

ahora

nyalo

reloj digital

liwashi lesimanjemanje

minuto

umzuzu

hora

li-awa

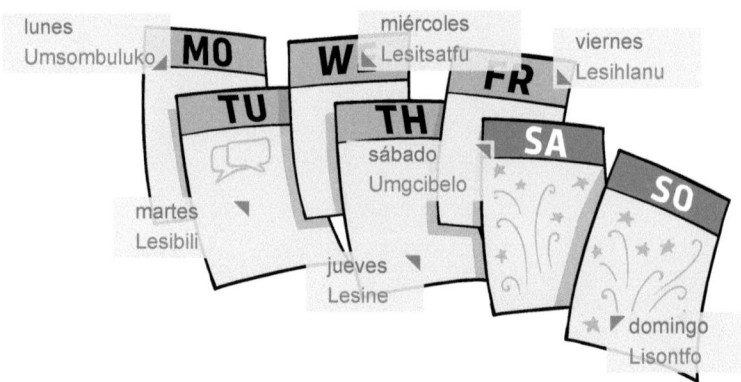

lunes
Umsombuluko

miércoles
Lesitsatfu

viernes
Lesihlanu

martes
Lesibili

sábado
Umgcibelo

jueves
Lesine

domingo
Lisontfo

ayer

itolo

hoy

lamuhla

mañana

kusasa

mañana

ekuseni

mediodía

emini

tarde

entsambama

días laborables

emalanga emsebenti

fin de semana

imphelasontfo

año
umnyaka

arcoíris
umushi wenkhosatane
lluvia
imvula
nieve
umkhitsiko
viento
umoya
primavera
Intfwasahlobo
otoño
Intfwasabusika
verano
lihlobo
invierno
busika

4.APRIL 11°
5.APRIL 4°
6.APRIL 13°
7.APRIL 8°
8.APRIL 10°

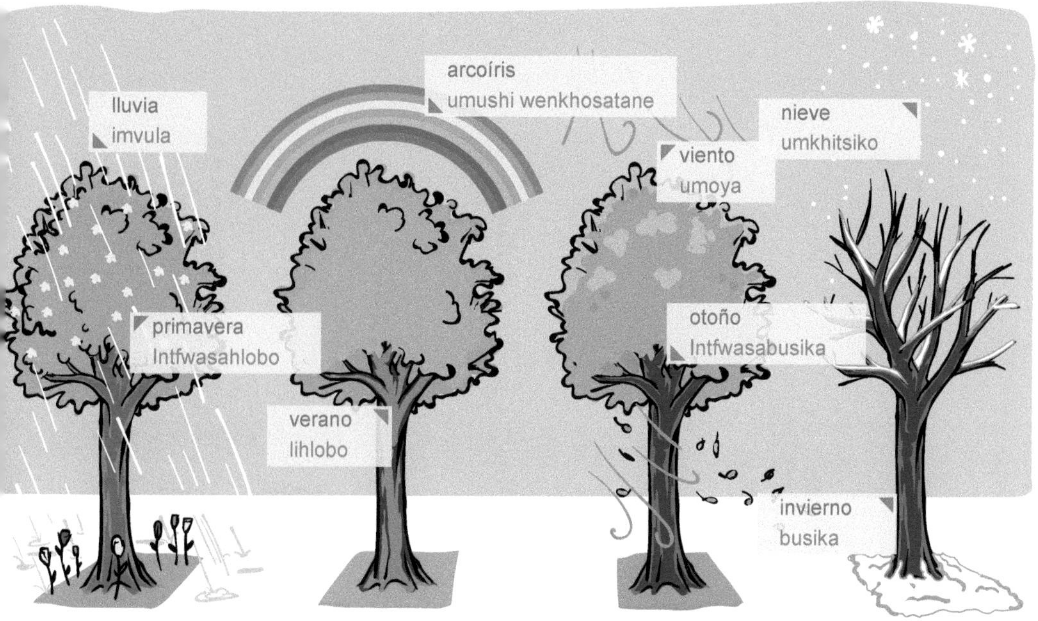

pronóstico del tiempo

simo selitulo

F C
120 90 60 30 0 -30
40 30 20 10 0 -10 -20

termómetro

kwekuhlola lizinga lekushisa

sol

kubalela

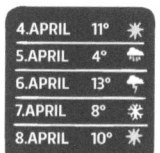

nube

emafu

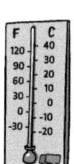

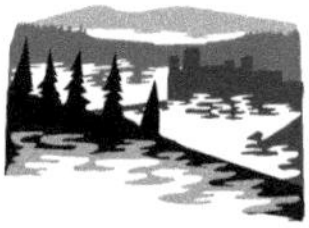

niebla

inkhungu

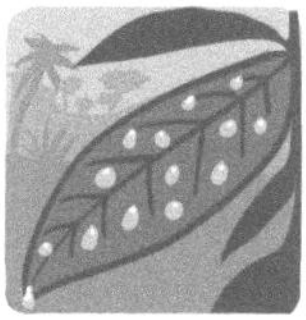

humedad

umswakamo

rayo

umbane

trueno

umbane

tormenta

kudvuma lobunebungoti

granizo

sangcotfo

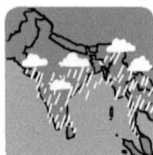

monzón

inyeti

inundación

tikhukhula

hielo

lichwa

enero

Bhimbidvwane

febrero

Indlovana

marzo

Indlovulenkhulu

abril

Mabasa

mayo

Inkhwenkhweti

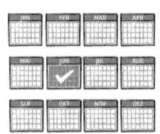

junio

Inhlaba

julio

Kholwane

agosto

Ingci

año - umnyaka

septiembre
....
Inyoni

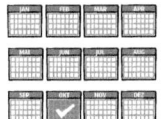

octubre
....
Imphala

noviembre
....
Lweti

diciembre
....
Ingongoni

formas

kubumbeka kwetintfo

círculo
....
indingiliza

cuadrado
....
sikwele

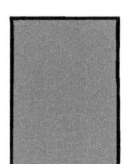

rectángulo
....
umdvwebo lonetinhlangotsi
letindze letilinganako

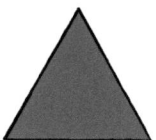

triángulo
....
ncantsatfu

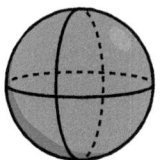

esfera
....
i-sphere

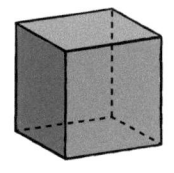

cubo
....
ikhiyubhu

blanco

kumhlophe

amarillo

phuti

anaranjado

sheli

rosa

kupinki

rojo

kubovu

morado

kunsomi

azul

luhlata

verde

luhlata njengetjani

marrón

loku-brown

gris

mtfubi

negro

mnyama

mucho / poco

kunyenti / kuncane

enojado / tranquilo

kutfukutsela / kwehlisa
umoya

bonito / feo

buhle / bubi

principio / fin

sicalo / siphetfo

grande / pequeño

bukhulu / buncane

claro / oscuro

kukhanya / bumnyama

hermano / hermana

bhuti / sisi

limpio / sucio

kuhloba / kungcola

completo / incompleto

kuphelela / kungapheleli

día / noche

imi / busuku

muerto / vivo

kufa / kuphila

ancho / estrecho

kubanti / kuncane

comestible / no comestible

lokudliwako / lokungadliwa

malo / amable

inhlitiyo lembi / umusa

entusiasmado / aburrido

kutsakasa / kudvumala

gordo / delgado

sidudla / umcondvo

primero / último

kwekucala / kwekugcina

amigo / enemigo

umngani / sitsa

lleno / vacío

kugcwala / kute lutfo

duro / blando

kucina / kutsamba

pesado / ligero

kusindza / kulula

hambre / sed

kulamba / koma

enfermo / sano

gula / umcemane

ilegal / legal

kungabi semtsetfweni /
kuba semtsetfweni

inteligente / tonto

kuhlakanipha / bulima

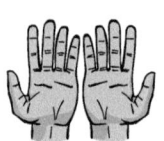

izquierda / derecha

sencele / sekudla

cerca / lejos

dvutane / khashane

nuevo / usado

lokusha / lokudzala

nada / algo

kute lutfo / kunalokutsite

viejo / joven

budzala / busha

encendido / apagado

kuyasebenta / akusebenti

abierto / cerrado

kuvulekile / kuvalekile

silencioso / ruidoso

kuthula / umsindvo

rico / pobre

kunjinga / kuphuya

correcto / incorrecto

kulungile / akukalungi

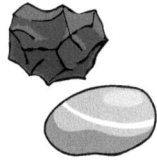

áspero / suave

kuyahhedla / kuyashelela

triste / contento

kuva buhlungu / kujabula

corto / largo

kufishane / kudze

lento / rápido

kunwabuka / kushesha

húmedo / seco

kumanti / komile

cálido / frío

kufutfumele / kusivuvu

guerra / paz

imphi / kuthula

0

cero

indilinga

1

uno

kunye

2

dos

kubili

3

tres

kutsatfu

4

cuatro

kune

5

cinco

sihlanu

6

seis

sitfupha

7

siete

sikhombisa

8

ocho

siphohlongo

9

nueve

yimfica

10

diez

lishumi

11

once

lishumi nakunye

12

doce

lishumi nakubili

13

trece

lishumi nakutsatfu

14

catorce

lishumi nakune

15

quince

lishumi nesihlanu

16

dieciséis

lishumi nesitfupha

17

diecisiete

lishumi nesikhombisa

18

dieciocho

lishumi nesiphohlongo

19

diecinueve

lishumi nemfica

20

veinte

emashumi lamabili

100

cien

likhulu

1.000

mil

inkhulungwane

1.000.000

millón

sigidzi

números - tinombolo

inglés

Singisi

inglés americano

Singisi saseMelika

chino mandarín

SiMandarini seseShayina

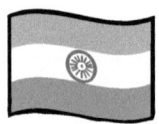

hindi

SiHindi

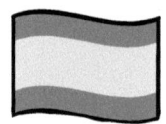

español

Sipanishi

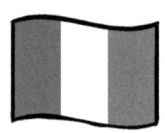

francés

SiFulentji

árabe

Si-Arabu

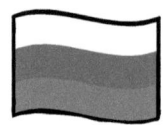

ruso

SiRashiya

portugués

SiPhuthukezi

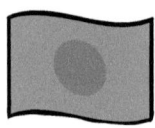

bengalí

SiBhengali

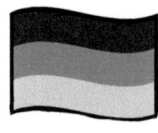

alemán

SiJalimane

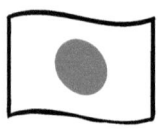

japonés

SiJapane

yo

Mine

tú

wena

él / ella / ello

yena / yona

nosotros/as

tsine

vosotros/as

nine

ellos/as

bona

¿quién?

bani?

¿qué?

ini?

¿cómo?

njani?

¿dónde?

kuphi?

¿cuándo?

nini?

nombre

libito

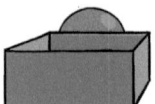

detrás

ngemuva

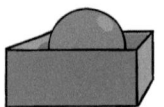

en

ekhatsi

delante de

embi kwe

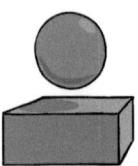

por encima de

ngenhla

sobre

etulu

debajo de

ngephansi

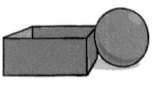

junto a

eceleni

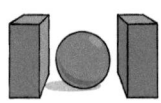

entre

emkhatsini

lugar

indzawo